The Best of Italian Music

All New Piano/Vocal Sheet Music Arrangements

Edited by Alfredo P. Antonelli

THE CREATIVE CONCEPTS LIBRARY BOOK FOUR

Catalog #07-1086

ISBN 978-1-56922-014-6

Cover Painting by Mary Woodin - London, England

EXCLUSIVELY DISTRIBUTED BY

7777 W. BLUEMOUND RD. P.O. BOX 13819 MILWAUKEE, WI 53213

Visit Hal Leonard Online at
www.halleonard.com

CONTENTS

CONTENTS

ITALIA
FISICA

The following terms are those most often used in sheet and educational music, and you will recognize many in this series of folios. By observing them, you will be able to add expression, style, and tonal color to the music you play.

General Terms

ad lib	Play as you please
Coda ✛	Play from this sign to end of song
D.C. (Da Capo)	Return to beginning and repeat
D.S. (Dal Signa) (𝄋)	Return to Sign (𝄋), and repeat
D.C. al Fine	Return to beginning, play to "Fine"
D.S. al Fine	Return to Sign (𝄋), play to "Fine"
D.C. al Coda	Return to beginning, play to words "To Coda ✛", then play to end
D.S. al Coda	Return to Sign (𝄋), then ditto above
Fermata (⌢)	Hold note longer than written
Fine	The end
Molto	Much
Ped. (Pedal)	Sustain pedal as indicated
Poco a Poco	Little by little
Simile	Similarly, the same
To Coda (✛)	Go directly to the Coda sign (✛) and play to end

Tempo, Rhythm

accel. (accelerando)	Gradually increase speed
Alla Breve (𝄵)	Two beats to the measure, one beat to each half note, cut time
Allegretto	Medium fast
Allegro	Fast
Andante	Moderately slow
A Tempo	The original time
Blues	Slowly, with strong steady beat
Larghetto	Fairly slow, broad
Largo	Slow and broad
Lento	Slowly
Moderately (Moderato)	Medium or moderate speed
Presto	Quick, very fast
Rall (Rallentando)	Gradually slower
Rit (Ritardando)	Gradually slower
Tempo di Marcia	Play as March
Tempo di Valse	Play as Waltz
Tempo Primo	Return to original speed
Vivace	Lively

Dynamics, Volume

Accents (> ^ —)	Emphasize, play louder
Cresc. (Crescendo ◁)	Gradually get louder
Dim. (Diminuendo ▷)	Gradually get softer
f (forte)	Loud
ff (fortissimo)	Very loud
Marcato	Emphasize, play louder
mf (mezzo forte)	Medium loud
mp (mezzo piano)	Medium soft
p (piano)	Soft
pp (pianissimo)	Very soft
sfz (sforzando)	Hard accent

Expression, Feeling

Animato	Lively, animated
Arpeggio	Playing notes separately, harp-like
Cantabile	Smooth, gentle
Expressivo (esp)	With feeling, expression
Giocoso	Gaily, playfully
Grazioso	Gracefully
Legato	Smoothly, connected
Maestoso	Majestically, with dignity
Misterioso	Mysteriously
Rubato	Slow down, then speed up to make up lost time
Staccato (dot over or under note)	Short, disconnected
Triste	Sadly

Addio a Napoli

Teodoro Cottrau

Andantino con espressione

Ad - dio ma bel - la Na - po - li! ad -
di - o, ad - di - o! La tua so - a - ve im - ma - gi - ne, chi
mai, chi mai scor - dar po - tra! Del ciel l'az - zur - ro
ful - gi - do, la pla - ci - da ma - ri - na, qual

Addio

F. Paolo Tosti

di - o

Ahi! un suo - no io o - do già o - do un suon che

sem - bra - mi dir Che o - gni gior - no per no - i sa - rà

Ah! Marie

Eduardo Di Capua

Caro Nome
(From "Rigoletto")

Giuseppe Verdi

Carnivale Di Venezia

Italian Melody

F
C7
La bru - na gon - do - let - ta ap - pres - ta Bar - ca -
F
C7
rol Oltr il ca - nal m'a - spet - ta co -
F
lui che ben mio vuol Se co - sa e a - mor tu
C7
F
sa - i Deh vie - ni non tar - dar E

Caro Mio Ben

Giuseppe Giordani

Ciao Bella Ciao

Traditional

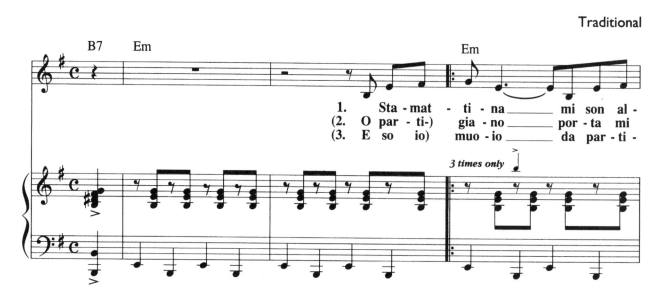

1. Sta - mat - ti - na_____ mi son al -
(2. O par - ti-) gia - no_____ por - ta mi
(3. E so io) muo - io_____ da par - ti -

za - to,_____ O bel - la ciao, bel - la ciao, bel - la ciao, ciao, ciao. Sta - mat -
vi - a,_____ Par - ti -
gia - no,_____ So io

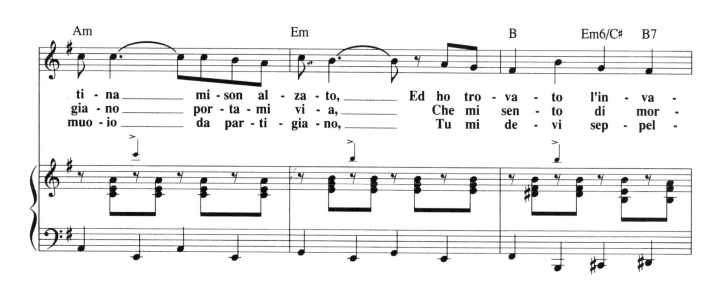

ti - na_____ mi son al - za - to,_____ Ed ho tro - va - to l'in - va -
gia - no_____ por - ta - mi vi - a,_____ Che mi sen - to di mor -
muo - io_____ da par - ti - gia - no, Tu mi de - vi sep - pel -

Funiculi Funicula

Luigi Denza

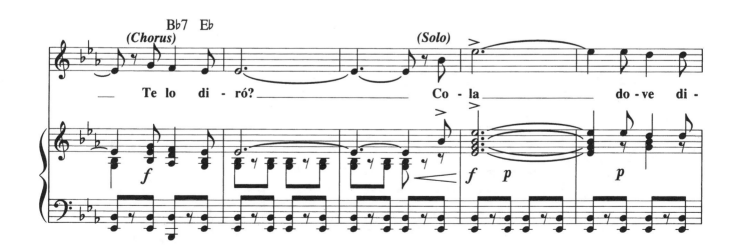

Ciribiribin

Words by Tiochet
Music by A. Pestalozza

Gesù Bambino

by Pietro A. Yon

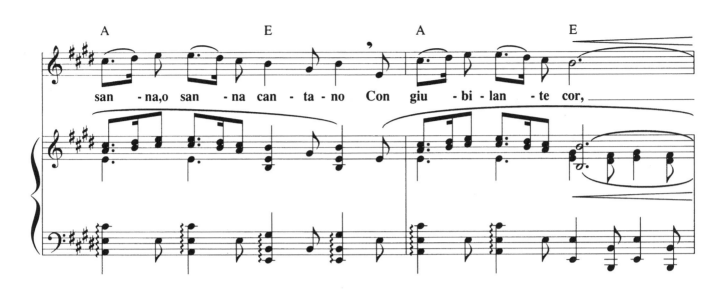

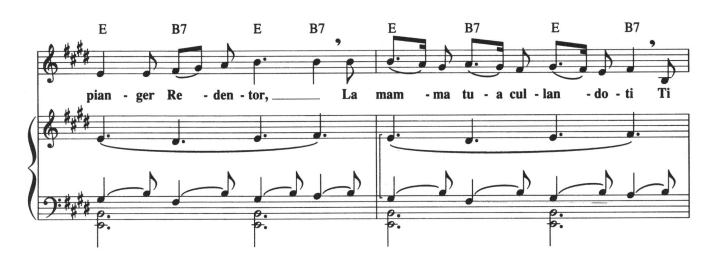

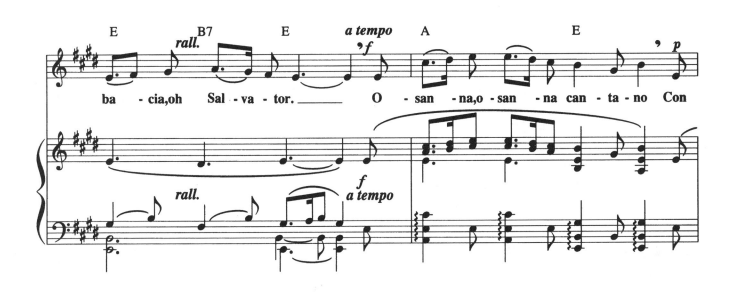

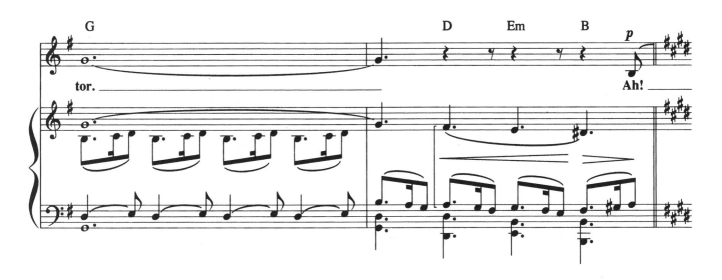

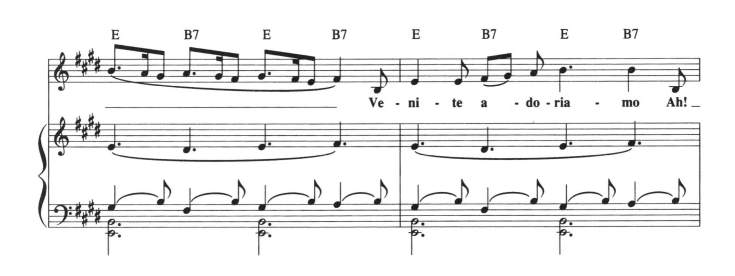

Il Bacio

L. Arditi

Io Te Vurria Vasa

Words by Vincenzo Russo
Music by Eduardo Di Capua

Italian National Anthem

Emilio Novaro

54

I'te Vurria Vasa

Words by Vincenzo Russo
Music by E. Di Capua

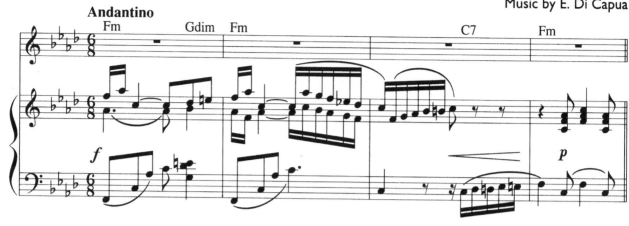

Luna Nova

Words by Salvatore Di Giacomo
Music by P. Mario Costa

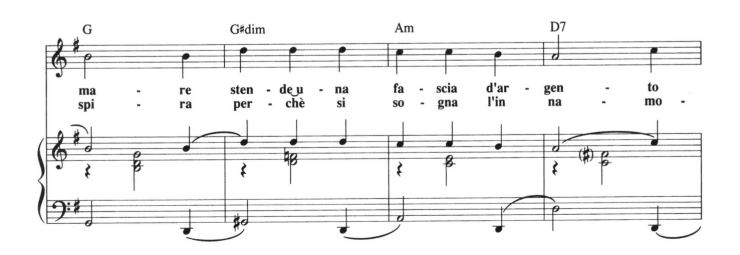

La Donna è Mobile

Giuseppe Verdi

Mandolinata

Emile Paladilhe

Mattinata

Ruggiero Leoncavallo

70

Marechiare

Francesco Paolo Tosti

Quan - no spon - ta la lu - na a Ma - re - chia - re pu -

re li pi - sce nce fan - n'a l'am mo - re

Nina

Gaetano Pergolese

Notte Di Carezze

(From "The Pearl Fishers")

Words by Angelo Francesco
Music by Georges Bizet

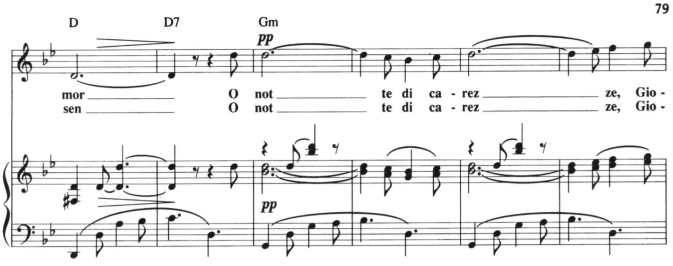

O Sole Mio

By E. Di Capua

Che bel-la co - sa 'na iur-na-ta'e so - le, _____ N'a-ria se-

re - na dop - po 'na tem-pe - sta! _____ Pe' ll'a-ria

Piacer d'Amor

Giovanni Martini

Serenade

Enrico Toselli

Santa Lucia

Neapolitan

Tarantella
(Wedding Tarantella)

Italian Dance

Vivo (lively)

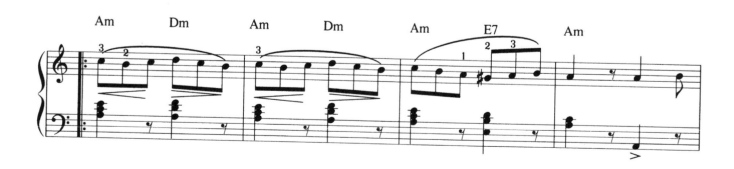

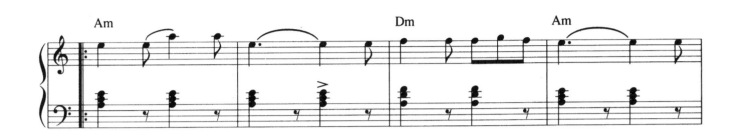

Torna A Surriento

(Come Back To Sorrento)

Ernesto de Curtis

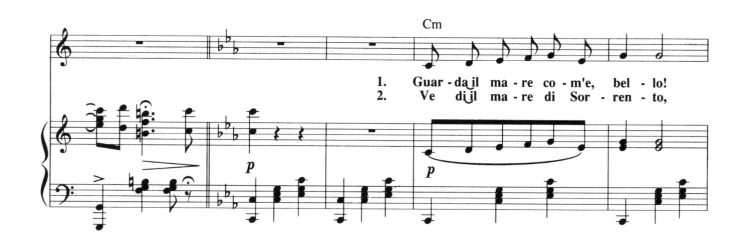

1. Guar - da il ma - re co - m'e, bel - lo!
2. Ve di il ma - re di Sor - ren - to,

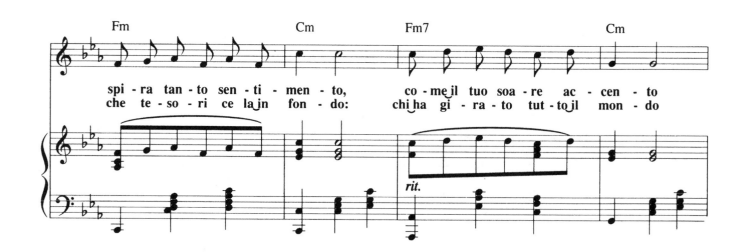

spi - ra tan - to sen - ti - men - to,
che te - so - ri ce la in fon - do:

co - me il tuo soa - re ac - cen - to
chi ha gi - ra - to tut - to il mon - do

T'al - lon - ta - ni dal mio co - re: ques - ta ter - ra dell' a - mo - re
T'al - lon - ta - ni dal mio co - re: ques - ta ter - ra dell' a - mo - re

hai la for - za di la - sciar? Ma non mi fug - gir, non dar - mi più tor -
hai la for - za di la - sciar?

men - to Tor - na a Sor - ren - to, non ____ far - mi mo - rir!

Una Furtiva Lagrima

(From "L'Elisir d'Amore)

Gaetano Donizetti

Un Bel Di Vedremo

(One Fine Day)

Giacomo Puccini

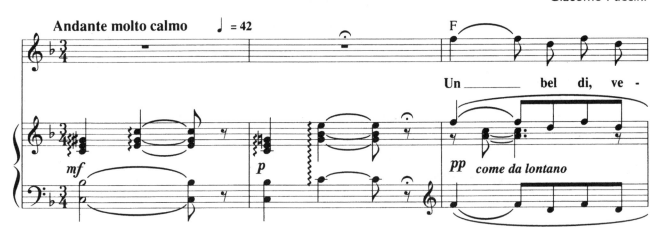

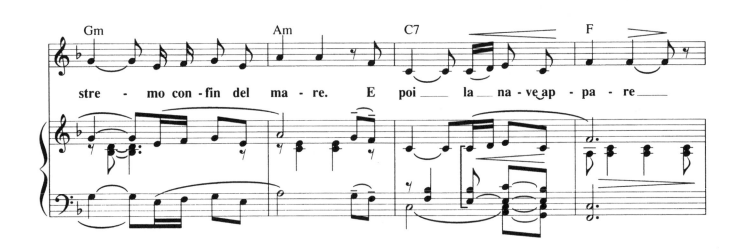

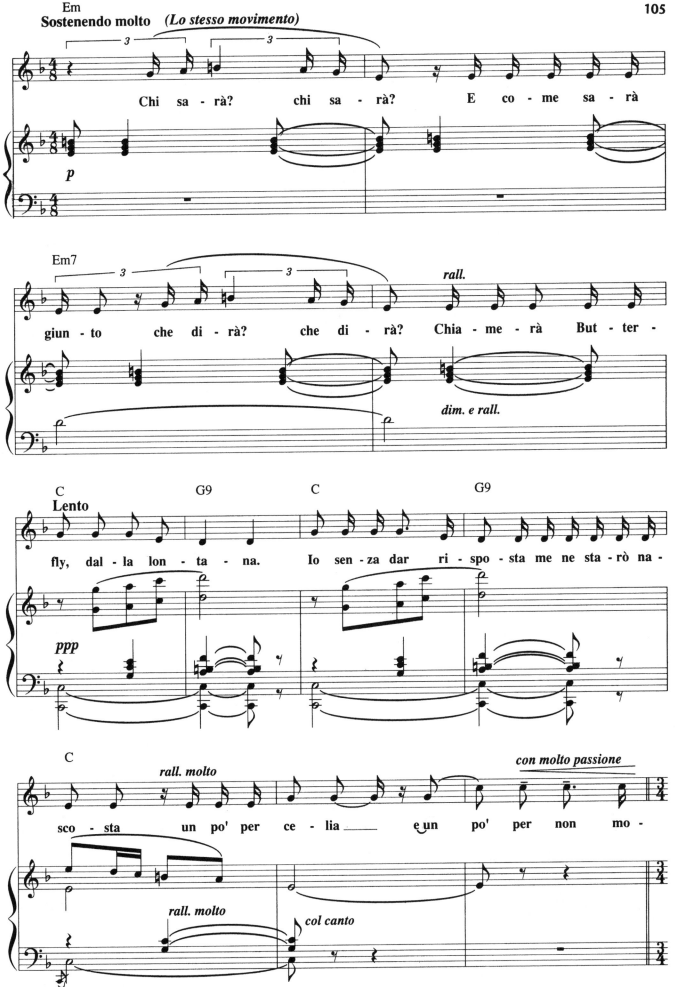

Vieni Sul Mar

Traditional

Vesti La Giubba
(from "Pagliacci")

Words & Music by Ruggiero Leoncavallo

Moderato e sostenuto

Re - ci - tar! Men - tre pre - so dal de - li - rio non so piu quel che di - co e quel che fac - cio Ep - pur è d'uo - po sfor - za - ti! Bah! sei tu for se un uom?___ Tu se' Pa - gliac - cio!

string un poco

col canto

precipitato   *rit.*